TROIS LETTRES

AU JOURNAL

"L'HOMME,"

ORGANE DE LA DÉMAGOGIE FRANÇAISE A L'ÉTRANGER,

PAR

ERNEST CŒURDEROY.

fou à lier.

> " Aucune force ne saurait arrêter le mou-
> " vement de décomposition sociale. Et la
> " Démagogie n'est pas même une force."
> *(Ernest Cœurderoy.—Jours d'Exil.)*

LONDRES:

JOSEPH THOMAS, 2, CATHERINE STREET, STRAND.

IMPRIMÉ CHEZ JOSEPH THOMAS, 8, WHITE HART STREET, DRURY LANE.

TROIS LETTRES

AU JOURNAL L'HOMME.

A la suite d'une simple réclamation que je lui adressais, le journal l'*Homme* m'ayant provoqué à une discussion sérieuse qu'il s'est reconnu plus tard incapable de soutenir contre moi, je publie les réponses que l'impartiale rédaction de ce journal a refusé d'insérer. Dieu merci ! la démagogie du *National* et de la *Réforme* ne règne pas encore sur le monde, et l'on trouve en Angleterre des imprimeries sans brevets !

PREMIÈRE LETTRE.

Au Rédacteur en chef du journal l'HOMME :

Santander, 15 avril 1854.

Monsieur le rédacteur en chef,

J'ai sous les yeux le journal l'*Homme*, du 12 courant. Dans son premier article, signé CH. RIBEYROLLES, ce journal, répondant à une allégation contraire de la *Correspondance Havas*, prétend qu'aucune publication démocratique-socialiste n'a appelé le triomphe de l'absolutisme moscovite.

Je suis surpris de trouver dans le journal l'*Homme* une affirmation aussi absolue. Ses rédacteurs n'ignorent point cependant qu'en juin et septembre 1852, moi, démocrate-socialiste apparemment, j'ai fait paraître deux publications dans lesquelles je prévoyais les événements actuels, et j'appelais le tzarisme russe au sac de la civilisation du monopole. Ces deux publications ont soulevé un assez grand scandale au milieu de l'émigration et du journalisme pour que je croie devoir rectifier l'assertion du journal l'*Homme.*

Dans la première, *la Barrière du Combat,* faite en collaboration de mon ami Octave Vauthier, on trouve ce passage :

" A nous, fils de la France, républicains démocrates socialistes,
" il tarde de voir arriver les Cosaques, car nous comprenons la
" RÉVOLUTION.... Qu'ils descendent, les Barbares, qu'ils transfusent
" leur sang jeune dans les veines de nos sociétés décrépites, cons-
" titutionnellement, organiquement bourgeoises.... *Qu'ils viennent*
" *et qu'ils soient bénis ! ne sont-ils pas nos frères ?* "

Dans la seconde, *De la Révolution dans l'Homme et dans la Société,* je dis :

" J'ose fixer le Nord au lieu de détourner mes regards des
" nuages qui s'y condensent, de la foudre qui gronde, de cette
" puissance russe qui nous accable de tout son poids, et je dis : Il
" N'Y AURA PLUS DE RÉVOLUTION TANT QUE LES COSAQUES NE
" DESCENDRONT PAS. "

Je borne mes citations à ces deux passages.

Voilà ce que j'ai soutenu, ce que je me propose de soutenir encore, aussitôt que mes ressources me le permettront, incessamment j'espère.

Quant à ma qualité de démocrate-socialiste, je me plais à penser que personne ne peut la mettre en doute en présence des actes de ma vie entière.

Me tenant en dehors de tous les partis, je ne puis me recommander qu'à votre impartialité, Monsieur le rédacteur en chef, pour l'insertion de cette lettre.

Je vous envoie un bon souvenir d'affection personnelle.

Dr. ERNEST CŒURDEROY.

Proscrit, condamné à la déportation par la Haute-Cour de Versailles, membre des comités socialistes de Paris en 1848 et 49, et du comité des écoles.

M. Cœurderoy sait bien qu'on n'a besoin d'aucun patronage d'homme ou de parti pour que des protestations quelque peu fondées et signées soient accueillies dans l'*Homme*, journal de liberté, quoique peu Cosaque.

Donc, sans aucun scrupule ni réticence, nous faisons droit à sa réclamation, et si lorsque nous avons écrit les quelques lignes qui l'ont provoquée, nous avions eu ses deux brochures en mémoire, nous les aurions bien certainement signalées ; car l'exception confirme la règle. Il y a deux ans, M. Cœurderoy fonda son école ; il y est resté seul et mourra de même : nons nous trompons, ils sont deux à courir les steppes du désert et de la fantaisie.

Un mot sur le fond.

M. Cœurderoy sait comme nous que la principale question qui divise et trouble l'Occident, est une question de science, un problème à résoudre, celui du travail, et il appelle les Cosaques, c'est-à-dire la servitude, l'ignorance et la misère organisées, disciplinées, abruties par un despotisme qui tient tout sous sa main, les âmes et les corps !

Certes, ces braves gens sont *nos frères*, comme monsieur Cœurderoy ; mais nous trouvons qu'ils seraient par trop incapables et par trop dangereux, comme précepteurs d'économie sociale, de politique et de gouvernement.

Est-ce comme révolutionnaire, et pour faire la place nette aux idées, que M. Cœurderoy convoque ces légionnaires du désert et les appelle avec le czar au sac de la civilisation ?

Hélas ! la France les connaît. Paris les a déjà vus, deux fois, dans ses murs : et que lui portèrent-ils ? les anciennes reliques et les anciennes servitudes : en revanche ils emportèrent nos trésors et notre honneur !

M. Cœurderoy désire la *transfusion d'un sang jeune* dans les veines de nos sociétés décrépites : il espère que cette opération rajeunira le vieux monde.

Nous dirons à M. le docteur Cœurderoy que depuis soixante ans le peuple de France a versé plus de sang pour la cause de l'humanité, que les Cosaques de toutes les Russies n'en ont versé pour le despotisme, depuis mille ans. Du sang jeune, riche, vigoureux — Et qu'était donc celui qui coulait aux grandes barricades de Paris, il y a quatre ans à peine ?

Ah! vous blasphémez la science, vous blasphémez la patrie, vous blasphémez la Révolution !

Savez-vous ce qui arrive, quand une nation trahie dans son dernier effort, et violée par l'étranger, subit une de ces invasions sauvages que vous appelez sur notre pays avec une candeur si triste : C'est que le peuple—qui est toujours jeune, entendez-vous ?— s'en va relever les derniers morts et les embaume dans son souvenir ; c'est que, trente ou quarante ans plus tard, il va chercher le neveu de l'empereur, et l'acclame président, croyant, ainsi, se venger de Waterloo !

Vous dites que vous comprenez la Révolution, et vous ne voulez pas du peuple-soldat de la Révolution, et vous passez le mot d'ordre aux Cosaques !

Vous dites que vous êtes démocrate-socialiste, et vous croyez à la supériorité des races ! vous appelez l'une à régénérer l'autre ! et dans une question de science, et quand il s'agit de résoudre le problême du dernier affranchissement, vous faites appel à toutes les bestialités de l'ignorance et de la servitude !

En vérité, votre école ne fera pas fureur, et nous vous aimions mieux comme nous vous avons connu.

Ch. Ribeyrolles.

DEUXIÈME LETTRE.

*Au citoyen Ch. Ribeyrolles, rédacteur-en-chef du journal l'*Homme.

Santander.—1er mai 1854.

Citoyen rédacteur,

— Puisqu'ainsi l'on vous nomme et que vous paraissez y tenir. Moi, j'aime mieux m'appeler Homme, ou même tout bourgeoisement *Monsieur*, jusqu'à ce qu'on ait trouvé pour les hommes de progrès une désignation moins antique et moins stupidement étroite que celle de citoyen.—

Dans ma lettre du 15 avril, je n'avais d'autre but que de vous faire une réclamation que vous-même voulez bien trouver quelque peu fondée et signée. Et voilà qu'à propos de cela, vous me provoquez à une discussion sérieuse. Je n'espérais pas une si bonne fortune, et je rends hommage à votre impartialité. (1)

Je serai un peu long; j'avoue mon entière inaptitude à trancher d'un seul mot des questions organiques de l'importance de celle que vous soulevez. Je vous en préviens, tout en commençant, afin que vous voyiez bien s'il vous convient ou non d'insérer cette lettre dans son entier. Tronquée, elle n'aurait plus de sens. C'est une observation que je vous rappellerai d'ailleurs à propos de la façon tant soit peu cavalière dont vous jugez en une demi-colonne de journal des publications qui m'ont coûté, à moi, quelque travail. Je savais bien que toutes les intelligences n'étaient pas égales, mais je ne me doutais pas vraiment qu'il pût y avoir de si grandes différences entre elles.

Cela dit, je réponds à votre article.

Un mot d'abord sur vos plaisanteries à l'endroit de ce qu'il vous convient d'appeler *mon école.* Il serait à souhaiter, citoyen, que personne n'eût moins de prétentions que moi à *fonder quoi que ce fût* et que tout le monde fût porté d'aussi bonne volonté à *démolir tout ce qui est.* J'estime que la Révolution—qui je sers et que j'aime, bien que vous en disiez—aurait en cela plus à gagner qu'à perdre.

Je ne cherche à acquérir une influence *quelconque sur qui que ce soit.* Je serais réellement bien maladroit si, tendant à ce but, je persistais à défendre des opinions qui répugnent aussi profondément que les miennes au chauvinisme français, et si je m'obstinais à m'aliéner par tous moyens les bonnes grâces des hauts Césars de la future république (*qui sait quand reviendra ?*) J'ai prouvé, et je prouve suffisamment, Dieu merci ! que je suis l'ennemi de tous les partis et de toutes les sectes, et que je ne recherche ni les faveurs ni l'approbation de personne. Je suis étonné que vous ne me rendiez pas au moins cette justice.

En général, citoyen, ceux qui veulent fonder des écoles ou des partis ne s'isolent pas, comme moi, afin d'être plus libres de travailler ; ils courent les clubs, les estaminets et les coteries où l'on recrute des âmes. L'on arrive plus sûrement aujourd'hui à la célé-

(1) Je me hâtais un peu. Quand ne me laisserai-je plus prendre à l'*impartialité* et au *dévouement* des gens de parti ?

brité par un surnumérariat de cette sorte que par toute une vie de travail. Vous savez tout cela mieux que moi. Enfin, la meilleure raison pour laquelle je ne m'efforce pas de *faire école,* celle qui pourrait me dispenser de toutes les autres, c'est que les écoles ne sont plus possibles avec le prodigieux essor des intelligences et des volontés individuelles depuis quelques années. Vous n'ignorez pas que je me suis rendu compte de ce mouvement quand j'ai écrit : les Dieux sont morts ! Les Césars sont morts ! Et que, m'adressant aux plus grands de la démocratie, je me suis écrié : " qu'ont à faire avec l'immense révolution qui nous presse vos chétives personnalités ?"—Et ce serait moi qui jouerais à l'*armée* et irais m'ennuyer à l'*Ecole,* comme un enfant ?... Mon cher citoyen, vous vous trompez d'adresse.

Tenez, voulez-vous que je vous dise mon opinion sur toutes les autorités et *craties* (1) du monde—depuis la démo*cratie* que veut dire domination des majorités jusqu'à l'auto*cratie* qui signifie domination d'un seul ?—La meilleure n'en vaut rien. C'est pourquoi je suis en lutte avec toutes, officielles et officieuses ;—c'est pourquoi je ne veux être ni César ni prétorien, ni chef ni soldat, ni maître ni esclave, ni fétiche ni adorateur, ni momie, ni crétin, ni homme de paille, de carton ou de plâtre. C'est pourquoi je pense, j'écris et je suis seul. A mon sens, c'est le plus grand éloge qu'on puisse faire d'un homme que de dire qu'il est seul, et je vous remercie de me l'avoir adressé. Car ce n'est par vous, qui êtes de la minorité, qui vous en vantez, et qui avez raison ; ce n'est pas vous qui

(1) Terminaison tirée du mot grec *cratès* qui signifie force, autorité, puissance, despotisme, terreur, *super*-position des uns, *sub*-jétion, *sous*-mission des autres, abrutissement de l'homme par l'homme, esclavage de ceux qui gouvernent comme de ceux qui sont gouvernés. Théo*cratie,* gouvernement de Dieu et des prêtres,—aristo*cratie,* gouvernement des plus distingués,—démo*cratie,* gouvernement des plus nombreux,—olo*cratie,* auto*cratie,* gouvernement de Louis XIV, de Nicolas, de Bonaparte et de M. Étienne Cabet,—officioso*cratie,* gouvernement de M. Louis Blanc,—tri*cratie,* gouvernement de M. Mazzini,—quinque*cratie,* comité de salut public,—décem*cratie,* tribunal d'Appuis Claudius,—doce*cratie,* comme au gouvernement provisoire,—20,30*cratie,* comme dans le comité socialiste,—un nombre fabuleux de *craties,* comme dans les assemblées nationales françaises ou suisses,—tant de *craties* qu'on voudra;... cela veut toujours dire autorité, gouvernement. Et je ne reconnais d'autorité ni sur la terre ni dans le ciel. Grâce à Dieu, j'ai une tête, dix doigts, du temps, une volonté et une plume pour dire tout ce que j'ai à dire. Et je suis aussi franchement *an-archiste* qu'homme puisse l'être.

pouvez croire me blesser en m'écrivant que mon école *ne fera pas fureur*, et qui pensez qu'une question de science sociale puisse être résolue par une addition de partisans.

Je ne suis pas avec les Rrrévolutionnairres, je suis avec la Révolution. Je ne suis pas avec les Systématiques, je suis avec la Science. J'écris parce que j'y suis sollicité par mon attraction. Quant à ma valeur comme écrivain ou comme homme, jamais, que je sache, on n'a dit de moi que je fusse idiot ou esclave : qu'on m'ait appelé fou, peu m'importe. Pas plus sur vous que sur moi, ou sur quiconque fait acte de ses dix doigts ne peut prononcer sans appel une société aussi anormale, aussi éphémère, aussi prévenue, aussi incomplète, aussi isolée du mouvement général que l'est celle des réfugiés (1), la seule à l'appréciation de laquelle j'aie pu jusqu'à ce jour soumettre mes idées, et qui ne m'a pas condamné tout entière, croyez-le, aussi dédaigneusement, aussi sommairement, aussi maladroitement, que vous l'avez fait.

Pour me résumer sur ce premier point, je serais désolé de penser à plusieurs, d'agir à plusieurs, de n'être pas seul, moi, HOMME, dans le sens le plus étendu et contradictoirement le plus individuel de ce mot.

.... J'en viens à mon opinion sur la décadence des races francolatines, sur l'avénement prochain de la race slave, sur l'intervention du glaive cosaque pour *faire place nette* aux idées de l'Europe occidentale. Je répète que tout cela va s'accomplir ; que tout cela est prouvé par tous les moyens de déduction, d'induction et de comparaison à l'usage de l'intelligence humaine ; que les événements se chargent de confirmer ce que je disais en 1852, alors que —ne vous en déplaise—personne ne s'occupait du tzar et de l'universelle révolution.

Vous ne vous attendez pas, j'imagine, à ce que je résume dans une lettre les idées émises dans un livre de sept feuilles d'impression, non plus que les considérations physiologiques, historiques et analogiques sur lesquelles mon opinion est basée. Je désire seulement que vous ne me fassiez pas dire ce que je n'ai jamais

(1) Je constate un fait et un état. Mon intention ne peut être d'ailleurs d'insulter à un exil que je partage. Avec vous, citoyen, j'aime à mettre les points sur les i.

dit, car je serais bien à plaindre si je n'avais su trouver d'autres raisons que celles que vous me prêtez à l'appui d'une thèse aussi simple, aussi juste, aussi féconde que la mienne.

— Je vous le répète, il n'est pas d'auteur qu'on ne puisse rendre ridicule et inintelligible en prenant un passage de ce qu'il a écrit, et en expliquant, hâchant, paraphrasant ce passage selon les besoins de la cause. Qu'est-ce donc, quand on ne cite rien, et qu'on dénature à plaisir, *et que l'on sait qu'on dénature, et que l'on veut dénaturer* ? Il est surtout facile d'altérer complètement de cette manière le sens de livres écrits, comme les miens, dans un esprit antinomique, anti-monopoliste et anti-national.

A titre d'ami, je vous ai adressé un exemplaire de mes deux publications, et certes vous êtes aussi capable que qui ce soit de juger. Ne me forcez point par vos réponses à croire que vous n'avez pas daigné lire. Prenez garde surtout, vous qui vénérez le public, qu'il ne vous accuse, avec toute apparence de raison, de vous prononcer sur des travaux que vous ne vous donnez pas même la peine de parcourir. C'est une grave atteinte à la réputation d'un journaliste, et vous tenez à la vôtre. Je crois donc que vous m'avez lu. Par conséquent, vous savez que je n'ai pas envisagé misérablement, unilatéralement, en simpliste enfin, une question aussi vaste et aussi profonde que celle de la Transformation humaine et du Croisement des races. Vous savez que j'ai fait la part de l'Idée comme celle de la Force, celle de la France comme celle de la Russie, celle de la Liberté humaine comme celle de la Fatalité divine, celle des Civilisés comme celle des Slaves, celle de la Répartition du sang par l'ordre qui s'établira comme celle de sa Transfusion par la guerre qui se fait, celle de la Germination et celle de la Gangrène, celle de la Minorité progressive comme celle de la Majorité borgne, celle de la Mort et celle de la Résurrection. Vous savez bien surtout que je n'ai blasphêmé ni les morts de juin, ni la Révolution, grand Dieu !! Pour vous en convaincre, il vous suffisait d'ouvrir mon livre. (1) Bientôt vous lirez dans mes

(1) Ce n'est sans doute pas dans ce passage que j'ai blasphêmé les morts de juin : " Dans Paris soulevé, il y aura encore des journées de juin et de décembre; ce " serait BLASPHÊMER que de désespérer de cette minorité d'hommes de cœur qui, " depuis quatre ans, soutient une lutte inégale, désespérée, au milieu d'une nation

Jours d'Exil un chapitre sur Juin 1848 qui me dispense à tout jamais de me justifier d'un *crime* que je n'ai pas commis, que je n'ai *jamais* ni excusé, ni pallié, *citoyen ex-rédacteur-en-chef de la* RÉFORME.—Quant à la patrie; non, je ne reconnais pas la patrie actuelle. Elle est trop au gré des traités de 1815, trop rétrécie par les gouvernements, trop dénaturée par le privilège, trop déformée par les préjugés, trop absolument avilie, flétrie, trop inique, trop vieillie, pour que je n'en sois pas, comme vous, proscrit. Je dirai bientôt comment m'apparaît la patrie de l'avenir. Mais je ne regrette ni la France, ni Paris, la ville des lauriers, ni ses égoûts ni ses sentines; jamais je ne me prendrai d'une passion soudaine pour la bourgeoisie de *mon pays.*—Je rends grâce au ciel de n'être pas titré en habileté politique.—J'en dis autant de toutes les patries civilisées. Je ne voudrais être citoyen d'aucune; j'aime mieux être proscrit, vagabond, déclassé, *gitano,* et contradictoirement, citoyen du monde. Interrogez-vous bien, citoyen rédacteur, et dites, dites si vous aimez la France d'aujourd'hui. Or la France restera ce qu'elle est aujourd'hui tout qu'elle s'appellera France. Il faut qu'elle meure et qu'elle renaisse, puisque nous-mêmes, les plus indépendants de ses enfants, nous ne sommes plus guère que des rhéteurs de Byzance. Hélas! la France, la vraie France de l'avenir et de la Révolution, elle est tout de son long sous la terre noire, elle est morte les 23, 24 et 25 Juin 1849, héroïque dans sa sublime et suprême revendication! Voulez-vous que je révèle notre plus intime secret, à nous tous, proscrits? Nous avons honte d'être appelés Français depuis Juin 1848. Moi du moins, j'ai bien souvent caché que je l'étais.

Deux mots encore, et j'ai fini. Dans tout ce que j'ai écrit sur la transformation prochaine de l'Europe, il n'y a que ceci: L'humanité accomplit sa lente évolution, par une série de révolutions

" impassible, pourrie, sans dignité, sans conscience, sans honneur, au milieu d'une " nation BOURGEOISE."

Ni dans celui-ci, j'imagine:

" O Réaction bourgeoise, tartuffe surannée, sorcière salie, ridée, ensanglantée par " l'insulte et l'outrage, mendiante au dos flexible, aux doigts crochus, à la voix " fausse, juive sans religion, jésuite sans austérité, marchande sans crédit, voleuse " sans courage, comédienne fatigante, qui donc arrachera ton masque?"

Si je voulais vous donner toutes mes preuves, il faudrait citer le livre entier.

successives.—La vie est à ce prix.—Les révolutions sont des conservations.—Nous sommes arrivés à une de ces époques palingénésiques où les vieilles nations meurent, où de nouvelles leur succèdent.—Il y a des peuples comme des hommes, qui restent longtemps enfants.—La race Slave est de ce nombre.—Les nations Franco-Latines vont mourir, et la race Slave reprendra leur place au timon du char humanitaire.—J'appelle le glaive du tzar à précipiter la solution, à trancher le nœud gordien sur lequel nous révolutionnaires, imperceptible minorité, nous nous ensanglantons les doigts depuis si longtemps. J'ai dit cela, et rien que cela. J'aime à penser que votre mémoire seule est en défaut, quand vous me faites dire autre chose. Vous vous en convaincrez si vous voulez revoir le chapitre *Révolution Démocratique et Sociale* de mon livre, je ne crois pas cette lecture indigne de vous; je ne la crois pas inutile non plus, si vous voulez me faire l'honneur d'une réponse plus sérieuse que la première.

.... En un mot, citoyen rédacteur, j'ai été préoccupé, il y a deux ans, de la question qui préoccupe tous les esprits aujourd'hui. Vous-même, que faites-vous autre chose que prévoir la défaite des armées civilisées? Que prévoit M. Herzen, dans des articles que vous trouvez remarquables par le fond, sinon l'avénement des races Slaves? Que prévoient les rois d'Occident qui tremblent sur leurs trônes. Que prévoient les armées et leurs héros qui ne marchent qu'à regret? Que prévoit le monde entier qui s'agite et frissonne comme à l'approche des déluges?.... Ce que j'ai osé dire.

Vous, quel parti prenez-vous dans les circonstances actuelles? Il n'est pas facile de le savoir. Avant peu, avant peu, vous direz comme moi: " Je n'ai pas craint d'affirmer que les nations bour-
" geoises étaient en pleine décadence et que les Russes seraient
" appelés un jour les fils aînés du Socialisme. J'ai fortifié mon
" âme contre le concert de malédictions qui va m'assaillir; j'aime
" mieux la cautérisation que la mort,—la Révolution que la natio-
" nalité,—l'humanité que la France; j'ai pris au sérieux ces deux
" mots : RÉVOLUTION UNIVESELLE. " (p. 218.)

Qui veut trop prouver ne prouve rien, citoyen. Vous ne ferez jamais croire à ceux qui ont lu mon livre que j'aie traité la question de révolution européenne aussi niaisement que vous le dites. Vous ne ferez jamais croire non plus à ceux qui me connaissent que j'aie perdu le respect de moi-même au point de me faire l'esclave de tous pour parvenir à fonder une école. Le persifflage, citoyen, est une arme à deux tranchants qui blesse bien plus celui qui la dirige que celui contre lequel elle est dirigée. J'ai été douloureusement surpris de la trouver dans des mains aussi habiles que les vôtres. J'aurais attendu de votre intelligence et de votre cœur autre chose que cela. *Je vous aimais mieux comme je vous ai connu.* Mais je vous aime encore. Il m'est pénible de rompre avec des personnes qui m'avaient jugé digne de leur affection et à qui j'avais donné la mienne.

Sur ce, Vive l'universelle Guerre! Vive l'universelle Révolution! Et vivent les Cosaques qui nous apportent l'une et qui forceront l'autre ! Ne sont-ils pas nos frères ? — J'y tiens, et je m'y tiens.— Qui vivra, verra !

Sur ce, *hombre (homme),*—c'est le salut espagnol, il vaut mieux que le salut républicain—que Dieu vous garde ! Pour moi, je reste dans l'espoir de vivre en dehors de tout parti et de toute secte, comme un franc anarchiste. Cela me dispensera dans cette vie et dans l'autre des palabres parlementaires.

Agréez, citoyen rédacteur en chef, mon fraternel salut.

Ernest CŒURDEROY.

Dans cette discussion, le citoyen Charles Ribeyrolles n'ayant été que le porte-plume d'une raison sociale, je saute par dessus lui pour courir droit à la direction suprême du journal l'*Homme*. Je veux cependant témoigner au citoyen Ribeyrolles la douleur que j'éprouve à voir son intelligence, son jugement et ses amitiés particulières à la merci des intérêts d'un parti..... Quel siècle que celui dans lequel les hommes qui ont le plus de talent travaillent *avec* ceux qui ont le plus d'argent et d'influence ! Et quelles exploitations inouïes dans le XIXe siècle ! Croyez bien, lecteurs, qu'il y a un monopole en démocratie comme en tout autre institution civilisée. Je me fais fort de le démontrer quelque jour.

---

*Aux citoyens associés pour la direction du journal l'*HOMME *et l'exploitation du Peuple.*

A la lettre précédente il n'a pas été répondu, il ne sera jamais répondu, — j'entends sérieusement. — Les démagogues ont en horreur la Vérité et la Lumière ; ils aiment les mystères de nuit et les ruses chroniques. Ce sont les plus maladroits des politiques. Ils passent leur existence à battre le quart à la porte de l'hôtel du Gouvernement, sans jamais oser entrer ni pouvoir se maintenir. Cromwells transis !

Voyons, citoyens Révolutionnaires, dites une bonne fois que vous voulez courber la nation sous un régime de salutaire terreur, de censure éclairée, de culte grotesque et de pure morale lacédémonienne. Ne parlez plus de liberté, surtout de celle de la presse. Et alors on saura à quoi s'en tenir sur votre compte, on apprendra que vous valez encore moins que les gouvernements existants, et tout le monde rira, comme moi, de vos prétentions à *conduire les masses.*

Donc, tribuns célèbres, vous persistez à dire que le peuple est mineur; qu'il faut que vous lui mâchiez sa nourriture intellectuelle; qu'il y a des idées dangereuses pour son esprit encore faible, et que les miennes sont de ce nombre. Donc, citoyens très illustrres, vous ne voulez pas que je bénéficie de l'immense publicité de votre journal; vous trouvez que je suis trop petit pour que vous vous abaissiez jusqu'à moi, et me tiriez de mon obscurité. Donc, après m'avoir provoqué gratuitement, sans habileté, sans savoir-vivre, à une discussion organique, vous reculez devant l'insertion de mes lettres et vous ne daignez seulement pas dire pourquoi.

A la bonne heure ! mes maîtres ; voilà qui est vraiment grand, superbe, seigneurial, royal, impérial, pyramidal, colossal de dédain et de fierté! En vérité, Louis XIV, Nicolas, Loyola, Soulouque et *leurs pareils,* les plus forts enfin, ne sont que polissons comparés à vous. Il faut convenir que vous êtes très habiles ! à votre éloquence silencieuse, on vous prendrait presque pour des représentants de la droite, ou des faiseurs de coups d'Etat, ou des proscripteurs en grand, ou encore des censeurs du tzar de toutes les Russies. Au fait, à la possibilité d'exécution près, dites-moi, je vous prie, où est la différence ?

Et vous croyez, par de semblables procédés, m'empêcher d'ouvrir ma droite pleine de scandales et ma bouche de fer ? Allons donc ! J'estime, en dépit des jésuites et de vous, *que toute vérité est bonne à dire.* Tenez, il me reste un peu plus de cent francs pour couvrir mon dénûment physique ; je préfère les employer à découvrir votre pauvreté morale. Je veux vous forcer dans le dernier de vos retranchements, celui du silence, où vous vous défendez si admirablement. Je n'ai peur que de la conspiration des sourds-et-muets volontaires. Partout où il y a du bruit, je me trouve bien. Car je ne redoute de puissance ni dans le ciel ni sur la terre. Et il y a toujours moyen de se délivrer de l'esclavage.

De bon compte, avouez cependant que vous avez été bien gauches avec moi. Votre plus majestueux orateur, quand il pouvait faire sonner sa voix retentissante sur un théâtre digne de lui, a dit bien des *coups* et bien des coups encore au pouvoir : " Faites donc " la part de l'effervescence des passions et du bouillonnement du " sang. Ne comprimez pas la vapeur de façon à centupler sa force " et son impétuosité. Sachez ouvrir les soupapes quand il faut. " Pourquoi donc n'avez-vous pas suivi ces sages conseils que vous donniez aux autres ? Pourquoi ne m'avez-vous pas répondu sérieusement, scientifiquement ? c'était le moyen de me faire oublier votre inqualifiable attaque et d'élucider une question importante. Pourquoi ne vous rappeliez-vous pas ces paroles du citoyen Félix Pyat : " Il n'y a rien de faible comme la Force." Mais non ;... voilà que vous faites pire que le Pouvoir, et que vous comprimez ma liberté rétive jusqu'à la faire échapper dans un nouveau pamphlet. Dieux ! que vous êtes gauches ! *Quos vult perdere Jupiter dementat !*

Si vous étiez jeunes, tout jeunes, on pourrait dire que vous avez fait cela dans un moment d'emportement. Mais comptez bien : vous commencez à dater, vous êtes un peu mûrs. Voilà déjà pas mal de printemps que vous usez vos culottes de peau dans les parlements et les journaux, vous n'êtes plus de première main, d'absolue fraîcheur. Vous êtes parvenus à un âge où l'on a de l'expérience, où l'on ne fait plus des étourderies étourdiment. Donc vous vous êtes concertés, vous avez calculé pour faire, vous,..... une *école ;* — car je ne crois vraiment pas que l'article du citoyen Ribeyrolles m'ait ait autant de mal qu'à lui.

Les Rré-volutionnaires sont morts. Prions pour les Rré-volutionnaires!

Que l'Être-Suprême, Maximilien de Robespierre et le jeune Saint-Just leur donnent l'impartialité qu'ils n'ont pas, le dévouement qu'ils n'ont pas, et la force qu'ils n'ont pas! qu'ils se conservent *vigoureux* dans les siècles des siècles!

Les Rrrév-olutionnaires sont morts. Prions pour les Rrrév-olutionnaires!

Qu'ils ne renient plus leurs amis! Qu'ils ne se rapprochent plus de leurs ennemis! Qu'ils ne soient plus à Dieu et à Mammon! Qu'ils ne disent plus oui et non sur le même principe! Qu'ils ne donnent plus la main droite et la main gauche alternativement comme s'ils dansaient un quadrille!

Qu'ils deviennent polis et de bonne foi! qu'ils soient moins chauvins, moins rageurs, moins tapageurs que par le passé! Que leur vue s'allonge un peu, s'il est possible! Qu'ils ne suivent plus comme des chiens; qu'ils s'essaient à marcher seuls!

Les Rrrrévo-lutionnaires sont morts. Prions pour les Rrrrév-olutionnaires!

Dans la couche des Révolutionnaires la Mort s'est glissée. La mort aux yeux absents, aux os sonores, aux grands pieds! La mort négligente de se couvrir et de se laver! La mort qui vit de la désolation, des chagrins et des peines de tous. — Dans la couche des Révolutionnaires, la triste mort s'est glissée, froide fiancée!

Citoyens révolutionnaires, ne blasphémez donc plus la Liberté, l'Impartialité, l'Indépendance, la Vérité, la Révolution. Ne blasphémez donc plus les morts de Juin.

Ah! vous vous prétendez libres! Est-ce parce que vous avez fondé une société qui s'appelle la *Révolution*, dans laquelle on n'est admis qu'en prêtant *serment*?

Ah! vous vous prétendez impartiaux! Est-ce parce que vous avez fondé un journal qui s'appelle *l'Homme* et qui refuse d'insérer tout ce qui ne rentre pas dans votre programme?

Ah! vous vous prétendez indépendants! Est-ce parce que vous êtes sectionnés, enregistrés, enrégimentés, alignés, inspectés, conseillés, excités, arrêtés, embrigades, monarchisés, fétichisés, uniformisés de sous-ventrières rouges et de chapeaux àgrand bord?

Ah ! vous vous prétendez défenseurs de la vérité, quand vous dénaturez à plaisir les écrits de vos adversaires et que vous ne voulez pas même admettre leurs rectifications !

Ah ! vous vous sacrez révolutionnaires et vengeurs des morts de Juin ! Est-ce parce que vous étiez membres de la *Commission exécutive,* rédacteurs de la *Réforme,* préfets de toutes préfectures, procureurs de la République rose, tourmenteurs des blessés dans les hôpitaux ? Ah ! ne me contraignez pas de vous dire les atrocités que *vos pareils* commirent en ces jours de sang et de deuil dans les salles de l'Hôtel-Dieu de Paris ! Ne contraignez pas les morts glorieux à sortir de leurs tombes et à se dresser contre vous !

Ah ! vous prétendez personnifier la République ! Ah ! vous êtes l'église du progrès, le conseil national de l'instruction publique, la sentinelle de l'Opposition, le factotum de la Révolution, le tube digestif de la Propagande, les poumons de l'Émeute, le cœur de l'Insurrection, la dictature de la Délivrance, la communauté populaire, orthodoxe ! Ah ! vous êtes les disciples du général Cavaignac, et nous ne devons pas vous discuter, et quand vous nous calomniez, il faut nous incliner devant vos Excellences ! Ah ! quand on vous égratigne on fait saigner le Socialisme ! Ah ! vous tranchez la question du TRAVAIL sans toucher à PROPRÉTÉ ! Ah ! la France est la première des nations, et vous êtes les premiers des Français ! Ah ! vous êtes l'organe de la Démocratie universelle :... Vous !!— Non certes, car je ne veux pas être représenté par vous, moi comme tant d'autres !

Ah ! vous vous mettez à genoux devant la bourgeoisie, vous lui tendez des mains suppliantes, vous vous prosternez bien bas, bien bas devant la boutique, vous *lissez le poil* de l'épicier, vous baisez *mémère,* la bonne Bourgeoisie. Et vous prétendez que c'est l'Universelle Démocratie qui fait ces bassesses ! Non certes ! Les morts reviennent. Prenez garde aux morts de Juin !

Ah ! citoyen Ribeyrolles—ex-rédacteur en chef de la *Réforme,*— Bianchi—socialiste départemental,—Cahaigne—ex-propriétaire de la *Commune de Paris,*—Ph. Faure—qui étiez au *Peuple,*—et autres ! vous vous sacrez grands prêtres de l'Univers pensant ! Et vous servez à l'Univers pensant, en fait d'articles scientifiques, des détails intéressants sur la toilette et les petits levers de l'empereur Nicolas ! Ah ! c'est là toute votre science ! Et vous croyez que l'Univers pensant est ravi de la direction que vous daignez imprimer à son intelligence? Ah! vous vous figurez que vous avez le monopole du pamphlet, de l'épigramme, du persifflage, de la médisance, de la calomnie, de la presse enfin, absolument comme le pouvoir que vous combattez! Non, non..... vous n'êtes pas forts; et la violence, sans la force, est ridicule.

Aristocrates de la Démocratie, dévoués de la Dictature, martyrs de la Terreur, despotes de la Liberté, vides remplis de proclamations ronflantes, chiens—chats, loups—agneaux, sépulcres rougis, squelettes tapageurs, éteignoirs à jour, noirceurs immaculées,..... A qui donc croyez-vous imposer encore? Par qui vous croyez-vous regardés, admirés, suivis, enviés? Ne vous a-t-on pas pris à l'épreuve? Et cette épreuve n'a-t-elle pas assez coûté d'émeutes, de sang et de tyrannies?

O Miguel Cervantès! immortel critique, que n'ai-je ta verve et ta bonne plume castillane, et ton divin langage pour dépeindre pittoresquement ces grands démolisseurs de trônes, ces infatigables pourfendeurs d'armées, ces gigantesques conspirateurs, ces braves renverseurs de moulins à vent, ces égayants modèles d'abnégation, de dévouement et de sacrifice qu'on appelle les révolutionnaires de la tradition.

Gens de parti—de quelque parti que ce soit—je vous le dis: La Vérité est une. La Liberté est une. L'Esclavage aussi est un. Etre d'un parti, c'est n'être plus soi. N'être plus soi, c'est être tout le monde. Etre tout le monde, c'est n'être personne. N'être personne c'est être un homme de parti.

Ah! vous m'avez trouvé trop petit pour vous, Messeigneurs! Eh bien! je vous mettrai plus bas que les vers qui rampent. Car j'ai sur vous l'avantage d'être sans engagements et d'avoir ma libre parole! Car vous m'avez donné le droit d'être sans égards avec vous, d'abord en me provoquant sans motif et sans mesure, ensuite en refusant de faire droit à mes justes réclamations.

Peut-être serez-vous contraints de parler de cette brochure. Afin que vous soyiez plus à l'aise pour l'abîmer, je vous préviens que je ne répondrai plus à aucune de vos attaques. D'abord parce que votre exemple m'autorise à arrêter les frais, quand il me convient; ensuite parce que je n'ai pas comme vous, de journal à ma disposition ; enfin, parce que j'ai mieux à faire que de m'occuper de l'éducation des sourds.

Je prie mon ami A. Talandier de m'excuser si je place notre correspondance sous le titre de cette brochure. *Non erat hîc locus*, je le sais. Mais il m'était *matériellement* impossible de faire, deux publications distinctes. Au reste, je crois suffisamment prouver à mon ami Talandier, par le contenu même de ma lettre, que je ne le confonds pas avec les démagogues révolutionnaires.

Dans son numéro du mercredi, 3 mai, le journal l'*Homme* insérait la lettre suivante :

Mon cher Ribeyrolles,

Quelqu'étrange qu'il puisse paraître d'appeler l'invasion des Barbares sur le monde civilisé, et non pas seulement une invasion passagère comme celle de 1812-15, mais une invasion complète et définitive comme celle sous laquelle croûla le monde Romain, il faut une telle abnégation ou une telle indifférence pour oser contempler sans défaillance un pareil avenir que, de toute manière, il y a lieu de s'étonner et de chercher la raison d'un pareil vœu.

Mais nos amis sont loin d'être des indifférents. Quelque jugement que nous ayons à porter sur leurs écrits, la part souf-ferte par eux dans la persécution commune ne permet à personne de mettre en doute leur amour pour la République démocratique et sociale, et leur *passion* (le mot *dévouement* les offusque) *révolutionnaire*. Nous n'avons donc pas à les condamner, puisque, si triste que soit leur erreur, ils sont courageux et de bonne foi ; mais à les convaincre, ce qui est peut-être plus difficile, car ils me paraissent bien épris de leur *Cosaquisme*, d'autant plus épris que leur passion est aussi neuve, pour des démocrates, que peu consolante.

A quoi tient cependant cette idée aussi étrange pour la Démocratie que peu originale par elle-même, l'*Assemblée Nationale* et ses pareils nous ayant dès longtemps habitués à l'appel aux Russes? uniquement, selon moi, à un faux jugement historique en vertu duquel on a accepté l'invasion du monde Romain par les Barbares comme une chose bonne, heureuse, providentielle, nécessaire au triomphe du christianisme, et que nous devons bénir, comme nous bénirions les peuples qui feraient aujourd'hui triompher dans le monde le Socialisme et la République universelle.

Ce jugement n'est pas nouveau, non plus que l'analogie établie entre la venue du Socialisme dans le monde moderne, et la venue du Christianisme dans le monde romain. Mais, tandis que l'analogie est vraie, le jugement est faux.

Oui : comme dans le Bas-Empire, les Césars et le Christianisme se disputaient le monde, les Césars et le Socialisme se disputent le monde aujourd'hui. Mais il n'est pas vrai que le triomphe des Barbares ait été le triomphe du Christianisme. Il n'a été que le triomphe de la féodalité qui, certes, n'était ni dans l'Évangile, ni dans les prédications égalitaires, ni dans l'organisation démocratique de l'église primitive.

De ce que les prélats chrétiens firent avec les rois Barbares une alliance impie et vénale pour partager la domination avec eux, conclure que le Christianisme a triomphé avec et par l'invasion, c'est se payer de mots, ou prendre pour la réalisation des promesses du Christ ce long et sanglant avortement qui, au lieu d'un monde de liberté et d'égalité, a produit la féodalité à deux têtes (Pape et Empereur), le monstre bucéphale du moyen-âge. Ceux-là donc dépensent mal leur bravoure qui s'écrient : viennent les Cosaques! périsse le monde civilisé! et triomphent avec les peuples nouveaux les doctrines nouvelles! Dieu garde le Socialisme d'un pareil triomphe, et nos amis de faux jugements sur le passé et de fausses espérances pour l'avenir!

Rétablissons les faits s'il est possible. La Gaule a été conquise deux fois : la première fois par les Romains ; la deuxième fois par les Barbares. Ces deux conquêtes ont été aussi complètes que possible. Romains et Francs se sont assimilé la Gaule à ce point qu'il n'est possible aujourd'hui que de reconnaître l'esprit des différents peuples, leurs traditions, leurs tendances, mais non les peuples eux-mêmes. La civilisation propre aux Gaulois, égorgée par les Romains et enterrée dans ses forêts sacrées vit bientôt le poids d'une seconde conquête tomber sur son cadavre et l'enfoncer plus avant dans le sol paternel, La civilisation romaine, un temps triomphante, ne profita de sa victoire sur le Druidisme que pour laisser dans les Gaules des germes qui devaient éclore plus tard et fut bientôt écrasée aussi par la Barbarie. Puis l'ordre règna de nouveau, et quel ordre!... Les historiens aristocrates appellent cela les 14 siècles de la glorieuse Monarchie française!... Nous savons de quelle sueur, de quel sang, de quelles larmes est pétrie cette gloire... Mais je n'ai pas l'intention de refaire l'histoire ici. Passons.

Les historiens modernes qui, dans l'étude des développements politiques et sociaux du monde, ont tenu compte de l'esprit même qui caractérisait les différents peuples dont le mélange compose aujourd'hui la nation française, ont appelé le mouvement émancipateur des dernières siècles *le mouvement Gallo-Romain.* Cela est vrai et faux en même temps. Vrai, en ce sens que ces deux mouvements ont été souvent confondus; faux, en ce qu'ils ont toujours été divers d'origine et de tendance, comme l'esprit même des différents peuples, et qu'ils se sont séparés en fait aussitôt que le triomphe de l'un d'eux a brisé l'alliance nouée par l'oppression commune.

Le mouvement romain, caractérisé par l'application aux libertés politique et municipale, le mouvement bourgeois par excellence, a fait sa révolution et a abandonné le gaulois après la victoire gagnée en commun.

Le mouvement gaulois, caractérisé par l'aspiration à l'égalité politique et sociale, le mouvement unitaire, religieux, politique et économique tout à la fois, le mouvement dirigé contre les Institutes et les Commentaires de César, aussi bien que contre les châteaux et les coffres-forts, le mouvement cher aux travailleurs, le mouvement cher au peuple enfin, social et national par excellence, ce mouvement persiste et poursuit à travers victoires et défaites la conquête de l'égalité, but suprême, fin dernière du développement individuel et social. Maintes fois le champ a été labouré et ensemencé; mais toujours des orages ont détruit la moisson avant sa maturité. Amis téméraires qui appelez l'invasion, ne comprenez-vous donc pas que c'est appeler l'inondation sur la vallée fertile prête à donner ses fruits, sous prétexte que les eaux laisseront un limon d'où sortiront des terres nouvelles. Hélas ! assez de moissons ont péri déjà, et ce n'est pas le limon qui manque.

Et, d'ailleurs, que savez-vous, que pouvez-vous savoir d'une invasion ? Qui dit invasion, dit armées nombreuses, chefs guerriers, féodalité militaire s'imposant par la conquête.. Est-ce encore ce que vous voulez et n'en avez-vous pas assez des Césars ?

Si, encore, comme Herzen, vous mettiez, sans l'appeler de vos vœux, l'invasion russe au nombre des choses possibles que l'avenir peut réaliser, et criiez aux bourgeois : vous voulez du Czar en haine du socialisme ; prenez garde d'avoir le Czar et le socialisme ; on vous comprendrait. Mais appeler le Russe pour vous, cela ne se comprend pas ; parce que, même en admettant (ce que je fais volontiers) que dans son organisation communale, que dans ses tendances intimes, que dans l'esprit de sa race, le Russe offre de nombreuses analogies avec les tendances socialistes gauloises ; en admettant même (ce qui est aller bien loin) que le peuple russe soit prêt à une rénovation sociale, est-ce que c'est la rénovation sociale que l'invasion nous amènerait ? Non ! elle ne nous amènerait qu'un peuple de soldats, complice et mercenaire de l'absolutisme. Arts, sciences, industries, tout disparaîtrait foulé aux pieds des chevaux cosaques, et disparaîtrait pour longtemps. L'empire retarde l'avènement du socialisme de quelques années ; l'invasion le retarderait de plusieurs siècles. Et non seulement la révolution sociale ne se ferait pas en France, mais cette diversion guerrière empêcherait les germes du socialisme russe de se développer, et la Révolution ne se ferait nulle part dans l'ancien monde.

Pour moi, je crois que nous pouvons souhaiter au socialisme un destin plus heureux que celui du christianisme trahi et faussé par ses propres ministres et par leurs adeptes, les Barbares. Malgré le " *Rendez à César ce qui appartient à César*", et le " *Mon royaume n'est pas encore de ce monde*", je crois que le christianisme contenait de grandes promesses de liberté et d'égalité. Qu'est-il advenu de ces promesses ? que, sans réalisation sociale, elles sont restées comme une prophétie pour la Révolution moderne : et cela, grâce à qui ? grâce aux Barbares, en grande partie. Voulez-vous donc qu'il en soit ainsi des promesses du socialisme ?

Amis, amis, n'appelons pas sur les autres et sur nous-mêmes les sombres vagues de l'inconnu. Ne promettons pas plus au peuple la Révolution par les Cosaques, que la Révolution par nous-mêmes. Promettons-lui la Révolution par lui-même, quand il voudra se connaître et se faire, selon son droit, sa propre destinée. La France expie ses fautes en ce moment; n'appelons pas sur le Sisyphe moderne un rocher plus lourd. Cherchons plutôt, nous qui n'avons été les complices des meurtres ni à l'intérieur, ni à l'extérieur, à racheter notre patrie du dernier supplice, et à la rendre à elle-même et à sa mission civilisatrice.

ALFRED TALANDIER.

TROISIÈME LETTRE.

A Alfred Talandier.

Santander, 9 mai 1854.

Mon cher Talandier,

Le journal l'*Homme*, du 3 mai, contient une lettre de vous à Ribeyrolles sur la question slave. Bien que je ne sois pas nommé dans cette lettre, il m'est impossible de ne pas accepter la moitié qui me revient dans cette expression collective *nos amis*, que vous appliquez à Vauthier et à moi.

Pour ma part, je vous remercie vivement de vous rappeler nos relations trop peu suivies malheureusement, et aussi de ne m'avoir cru ni *indifférent* ni *dévoué*. Je veux vous prouver, par ma réponse, combien je suis sensible à ce bon souvenir.

Quant à mon *complice* dans le crime de publication de la *Barrière du combat*, frappez, s'il vous plaît, à la porte à côté. A chacun la responsabilité de ses opinions et de ses œuvres; c'est de stricte justice. Si la collaboration est possible entre deux hommes qui s'entendent dans un certain moment et sur certaines questions, elle ne saurait non plus faire supposer entre eux une solidarité éternelle. Vauthier et moi n'avons jamais pensé à *former un parti* et à nous *immobiliser* l'un par l'autre, parce qu'un jour nous sommes tombés d'accord sur l'opportunité de publier ensemble la *Barrière du Combat*. J'estime même, pour ma part, que la collaboration est une pitoyable chose, un travail de neutres, qui se rapproche beaucoup de la rédaction des *arlequins* politiques qu'on sert aux peuples sous le nom de *programmes*. Ainsi que je l'ai dit à Ribeyrolles, nous sommes UN dans mon école, pas plus : dans mon intérêt comme dans celui des autres, je désire que cela reste bien entendu.

— L'idée que j'ai émise est, dites-vous, aussi étrange que peu originale ; elle est rééditée du journal l'*Assemblée nationale* et de *ses pareils*. Que l'idée vous paraisse étrange, je suis loin d'en être surpris, attendu qu'elle m'a fort *épaté* moi-même, quand je l'ai conçue. Mais de cela même qu'elle vous semble étrange, à vous et à tous les républicains, de cela seul qu'elle provoque contre moi une sorte de répulsion satanique, je conclus qu'elle est originale. Que diable ! mon cher, on ne crie pas quand on voit passer un épicier dans la rue !

Si vous y allez par là, — comme on dit, — il n'est rien de nouveau sous le soleil. Bonaparte, l'autre, avait pressenti ce que je pressens bien avant l'*Assemblée nationale* et *ses pareils*. Je le savais comme vous, Homme, et j'en ai fait mention. En voulez-vous la preuve ? Ouvrez mon livre aux pages 217 et 218, et vous y trouverez ces passages :

—"Oui, j'en jure sur le progrès de tous les temps, sur la conscience de tous les peuples, l'Europe NE SERA UN INSTANT COSAQUE QUE POUR DEVENIR SOCIALISTE. *Napoléon se trompait quand il pensait qu'elle pourrait* RESTER RUSSE *; son intelligence de despote ne comprenait pas la nécessité de la* RÉVOLUTION. "

— " Ah ! si les royalistes, les exploiteurs, les parasites, les oisifs et les bourreaux comprenaient la Révolution, ils sauraient que les Cosaques recevront les premiers le baptême socialiste ; ils ne les appelleraient pas, ils ne leur demanderaient pas de les sauver. " (*Révolution dans l'homme et dans la société.*)

Je n'ai donc jamais disputé à Napoléon Ier, à l'*Assemblée nationale* et à leurs pareils le mérite de s'être préoccupés les premiers de la question. — Il m'eût été assez difficile d'avoir l'âge de raison avant eux. — Mais ce que ni Bonaparte, ni l'*Assemblée nationale*, ni le journal l'*Homme*, ni leurs pareils n'avaient pressenti, ce dont personne ne veut se rendre compte, c'est que le *Cosaquisme*, — comme vous l'appelez, — amènera la Révolution, et que *seul*, le Cosaquisme peut l'amener. Voilà la *triste erreur* dans laquelle je suis tombé après longue et consciencieuse étude de l'homme et de la société, erreur qui remonte déjà à cinq ans d'ici et dont personne *encore* ne songe à me disputer la dangereuse priorité.

Dans l'intérêt de la justice, veuillez m'accorder cela au moins. Faites-moi la faveur de me croire aussi perspicace en philosophie que l'*Assemblée nationale* et *ses pareils*.... et que Napoléon lui-même. ENORMOUS !!! — Quant au titre *d'inventeur*, je n'y tiens pas davantage qu'à celui de *chef d'école*. Les oiseuses discussions de priorité me paraissent toutes bien enterrées sous ce vers si profondément spirituel d'Alfred de Musset ;

" C'est imiter quelqu'un que de planter des choux."

Vous savez bien, mon cher Talandier, que l'esprit humain gravite, depuis les jours d'Eden, dans le cercle des questions que chaque jour ramènent ses besoins renaissants. Vous savez bien que, dans la lutte engagée entre la NATURE et l'HOMME, — lutte qui se prolongera jusqu'au dernier des derniers de nos petits neveux,— vous savez bien que, dans cette lutte, les formes seules changent selon les temps et les événements. Quand la RÉSISTANCE UNIVERSELLE se transforme, il faut bien, n'est-ce pas ? que la PUISSANCE HUMAINE s'harmonise sur elle ? — Je parle à un homme de science je ne fais qu'indiquer mes idées. —

D'où résulte que, quant au fond, la préoccupation qui m'obsède est bien la même que celle qui allumait la fièvre dans les artères d'Amos, d'Ezéchiel, de Cassandre et de Cazotte ; — que celle qui agite P. Leroux est bien celle qui travaillait les âmes de Pythagore et d'Hippocrate (1) — de même encore que la théorie du libre échange de Proudhon est renouvelée de la solidarité de Platon.— Mais les conclusions que Pierre Leroux, Proudhon et moi nous tirons de ces idées, immanentes et permanentes dans l'Humanité, ne pouvaient nous être inspirées que par le milieu actuel. Là est toute la question des *révélations successives*, toute l'histoire de *l'évolution des idées-mères*. Ainsi paraît l'avoir compris P. Leroux dans son admirable *Lettre aux Etats de Jersey* ; ainsi me semble-t-il l'avoir résumé dans son épigraphe que je ne puis citer, n'ayant malheureusement pas son livre en ma possession.

(1) La définition la plus heureuse du *Circulus* me semble donnée par Hippocrate : " La vie est un cercle dans lequel on ne peut trouver ni commencement ni fin, car dans un cercle, tous les points de la circonférence sont commencement et fin. "

J'ajoute — permettez-le moi — que, dans ce même livre, P. Leroux dit quelque part que le public fait subir plusieurs épreuves aux idées nouvelles. — La première consiste à accuser l'auteur de battre en brèche tout ce qu'il y a de sacré, de consacré, d'hypersacré sous le ciel. — La seconde à étouffer l'homme et sa pensée sous l'odieuse conspiration du silence. — La troisième à s'aviser que ses idées ne sont plus ni *étranges* ni nouvelles, mais qu'elles viennent des Chinois, des Grecs ou des Arabes. — Les Arabes surtout sont fort à la mode. Je ne connais pas une seule découverte en médecine dont l'honneur n'ait été revendiqué pour le compte de Mahomet. J'ai subi ces trois phases du carcan public. Aussi faut-il voir comme j'aime la foule! Une seule de ces épreuves m'a été sensible, l'abandon de mes amis ou tout au moins l'expression plus que douteuse de leurs sympathies personnelles qui n'avaient rien à voir cependant avec le *Cosaquisme*. — Passons. — Aussi bien je sens que je suis long, mais je ne puis pas dire tout à la fois.

.... Ensuite, vous recherchez les causes de ma *triste erreur*. Et vous dites : « Qu'elle tient uniquement à un faux jugement historique en vertu duquel on a accepté l'invasion du monde romain par les Barbares comme une chose bonne, heureuse, providentielle, nécessaire au triomphe du Christianisme, et que nous devons bénir. » Eh bien! oui, mon cher, tel est le jugemeut que j'ai porté sur l'invasion des Barbares; et comme vous l'avez prévu, il sera bien difficile de me convaincre que ce jugement soit faux.

— Mais avant que je cherche à vous en démontrer de nouveau la justesse, laissez-moi vous dire que, loin d'être l'unique cause de mon erreur, ce jugement n'est, selon moi, que d'une importance fort secondaire comparativement aux preuves que j'ai demandées à l'universelle transformation, à la physiologie de l'Homme et aux harmonies antinomiques. Vous partagerez mon opinion à cet égard si vous voulez bien vous rappeler l'esprit général de mon livre *De la Révolution*, et non pas seulement les conclusions applicables aux événements actuels que j'en tire dans le chap. 5. — Que je vous rappelle aussi que, ma méthode consistant à déduire mes jugements de données analogiques, il en résulte que si mes analogies sont justes, mes jugements ne peuvent être faux. Peut-être avez-vous voulu dire que j'avais été peu judicieux dans le choix de mes analogies? Cependant, je n'ai cité que des faits. D'ailleurs, que ceux qui m'ont lu décident. Mais, en opérations d'entendement, *jugement* veut dire pour moi *conclusion*. Et je soutiens que ma conclusion est très-mathématiquement déduite du problême antinomique social que je m'étais proposé de résoudre. —

Certes, je suis de votre avis, complètement de votre avis, Homme, quand vous dites que le triomphe des Barbares n'a pas été le triomphe du Christianisme ; je sais également qu'il n'a amené tout d'abord que la Féodalité, que je taxe, comme vous, à sa juste valeur.

Si j'allais même plus loin que vous! — Si je vous disais que le véritable esprit du Christianisme n'a triomphé ni dans l'héroïque révolution d'Helvétie, qui consacra la liberté de l'Homme, ni dans le grand mouvement révolutionnaire anglo-allemand, qui consacra la liberté d'Examen, ni dans la première révolution française qui posa, dans le sang, le principe d'Égalité, ni même dans la guerre de l'Indépendance américaine qui proclama l'Émancipation des nationalités! Si je vous disais qu'il ne triomphe, cet esprit, ni dans l'étroit communisme de M. Etienne Cabet, ni dans l'aimable servitude gouvernementale de M. Louis Blanc, ni même dans les vastes conceptions de P. Leroux et de Proudhon! — Si je vous disais que le Christianisme n'est que le développement des Bibles d'Orient qui sont elles-mêmes le développement d'autres bibles! — Si je vous disais que ni le Christianisme, ni la République, ni le Communisme, ni le Socialisme,.... ne sont le dernier mot de l'Humanité! — Si je vous disais que ni vous, Homme, ni moi, ni qui que ce soit, n'avons ce mot et ne pouvons l'avoir! — Si je vous disais que le dernier homme, lui-même, ne se doutera pas qu'il le possède! etc., etc....

..... Vous seriez de mon avis; car, pas plus que moi, vous ne BLASPHÉMEZ la Révolution. En résulterait-il cependant que nous dûssions nier l'utilité des révélations de Christ, de Guillaume Tell, d'Olivier Cromwell, de Martin Luther, de Robespierre, de Washington, de MM. Etienne Cabet et Louis Blanc eux-mêmes? (vous voyez que je vais bien loin!) — Non, n'est-ce pas?

Et si nous ne pouvons nous refuser à reconnaître l'utilité d'aucun mouvement social, même du Communisme, pourquoi ne voudrions-nous pas nous rendre compte de l'utilité providentielle de la Féodalité, des Croisades, de l'Émancipation des communes, de la Civilisation de l'Épicier elle-même? Et puisque nous avons avalé — je dis *avalé* — celle-là, en quoi serions-nous donc tant effrayés de l'ère des Cosaques? Pour moi, je le dis bien haut : TOUT plutôt que la garde nationale de juin 1848 et la société dont elle est l'arc-en-ciel! Qu'on me sorte le garde-national de devant les yeux : je ferais un malheur!! TOUT, mais pas la PROPRIÉTÉ!

Je ne me suis pas dissimulé non plus " qu'arts, sciences, indus-" tries, tout disparaîtrait sous les pieds des chevaux cosaques, et " disparaîtrait pour longtemps. " On dirait que nous nous sommes copiés : — " Et pendant un temps, arts, science, philosophie, litté-" rature, *tout* sera oublié : Le monde sera couvert d'un linceul. " (*Révolution*, p. 216.)

Mais la grande différence entre vous et moi, c'est que je crois que la Mort est l'antichambre du palais de la vie. Vraiment, on me ferait plaisir, si l'on voulait bien constater que, si j'ai fait la part de l'Agonie, j'ai fait également celle de la Résurrection. Et de ce que j'ai fait la part de la Résurrection, il résulte aussi que, pour arriver de la Mort à elle, j'ai décrit et les phénomènes de la transformation cadavérique, et la fusion des races, et leur dénaturation, et leur reproduction sous un nouvel aspect,.... et toutes les Crises, Pestes, Famines, Fléaux et Désastres que la Guerre aux yeux rouges et la transformation aux bras géants entraînent à leur suite.

Parbleu! Homme, je n'ai pas pu dire qu'on avançât en restant sur place, que le sang ne coulât pas sous l'épée, que les os ne fûssent pas broyés par les balles, que le Choléra, la Force et l'Invasion fûssent des Divinités bien adorables! En résulte-t-il que ces divinités n'existent pas et qu'elles ne passent pas, de temps à autre, au travers de nous comme la charrue parmi les pailles de froment? En résulte-t-il que leur *moment* ne soit pas venu? D'où nous viennent ces fléaux? Qui réveilla la Mort et la Maladie endormies dans un coin du Chaos? Vous le savez comme moi. Mais c'est une autre question. Nous pourrons en reparler quelque jour.

Je termine par deux réflexions que tout le monde me paraît oublier :

Voici la première. — La maladie étant — *estando*, en espagnol —

dans l'Humanité, et encore pour longtemps, préférez-vous succomber au mal chronique du monopole, — contre lequel il n'y a pas de remède (1); — ou.... subir l'amputation par le glaive qui brille au Nord, et conserver ainsi une chance de salut? — Moi, malade comme vous, j'ai le courage de demander l'amputation. Moi, médecin, si j'étais consulté, je la proposerais. Et cela, parce que j'ai la conviction que notre pauvre petite minorité progressiste ne peut pas révolutionner un monde noir de gangrène; — parce que vos appels aux BOURGEOIS, AUX BOURGEOIS DE FRANCE, les FONT RIRE; parce qu'ils ont tellement peur, qu'ils chantent victoire lorsque les terribles flottes combinées font un peu de bruit autour d'Odessa; parce qu'ils croient jouer à la petite guerre quand il s'agit de l'éboulement d'un monde.

Voici ma seconde réflexion. — Je crois à la renaissance de l'homme dans l'humanité. Je suis, comme vous, de ceux qui ne disent pas : "*Après moi la fin du monde.*" J'espère de toute mon âme en l'éternelle et continue transformation, elle est prouvée. C'est pourquoi je suis *passionnellement* révolutionnaire, — comme vous avez raison de le dire.— C'est pourquoi je ris de bon cœur en voyant les *citoyens démagogues*, pressés les uns contre les autres, se démener, comme des poissons rouges, dans l'étroit bocal de leurs traditions de terreur et de chauvinisme. C'est pourquoi j'admire leur colossal aplomb de prendre ce grand mot SCIENCE pour devise du journal le plus mesquinement cancanier qui ait fait gémir jusqu'à cette heure les presses libérales. C'est pourquoi, mon cher ami, je ne vous fais ni l'injustice ni l'injure de vous confondre avec ces revenants de 93, les plus maigres des rats qui courent les coulisses politiques, flairant des préfectures, des commissariats de police et des représentations. — Puissions-nous être toujours préservés de la myopie, de la cataracte et du regard louche! Puissions-nous rester grandement utopistes, ami, et ne jamais devenir de *grandes utilités gouvernementales!* Le monde et l'avenir sont immenses, et les grands hommes de ce siècle sont bien petits! Consolons-nous de la Calomnie par la Science et l'Espoir, à la vue perçante!

A vetre tour, ami, savez-vous ce qui arriverait si, par malheur,

(1) Je ne répète pas les démonstrations que j'ai données de cette proposition.

cette guerre se bornait à quelques coups de canon dans l'eau? Je ne sais hélas! combien de temps nous ferions halte parmi les infects et verds cadavres des bourgeois civilisés!

Hommes! c'est la veillée des armes! c'est la fête du glaive! Grincez des dents, défiez! riez! Fer, réveille-toi! Hurrah! Allah! Alallah! En avant!! Qu'on songe que la Liberté, l'Idée, la Plume, l'Occident ne sont pas tout; — qu'il faut compter aussi avec la Force, l'Acier, et l'Orient, et le Nord! Dans le domaine de la Fatalité ou de Dieu, nous sommes, hélas! réduits à constater. Je constate. Ai-je dit que cela ne me déchirât pas les entrailles? On verra bien qui se sera trompé, comme résultat final, de l'*Assemblée nationale* et *de ses pareils* ou de moi, en faisant appel aux Cosaques. Car les rédacteurs de l'*Assemblée nationale* et moi avons, SEULS, pris des conclusions. Quant aux républicains de la Forme et de la Réforme, qu'ils prennent donc un parti! qu'ils concluent! de grâce, qu'ils me montrent leur Orient et leur Nord autrement qu'avec leurs *grrrands* engueulements *rrré-volu-tionnaires* qui ne prouvent absolument rien.

Sur ce, je dis: Le nommé L. Napoléon Bonaparte a fait du Mal et de la Révolution! Le nommé Nicolas de Holstein-Gottorp fera du Mal et de la Révolution! Après les semailles, la moisson! Après un homme, tous les hommes! Après cette vie, une autre! Viennent les Cosaques! Oui!!!....

Et je signe: votre ami,

ERNEST CŒURDEROY.

www.ingramcontent.com/pod-product-compliance
Ingram Content Group UK Ltd.
Pitfield, Milton Keynes, MK11 3LW, UK
UKHW022144260726
13993UKWH00005B/2145

9 782329 171548